여우 씨의
새 집 만들기

글·그림 정진호

이야기가 담긴 집을 꿈꾸며 한양대학교에서 건축을 공부했습니다. 지금은 책 속에 이야기 집을 지어 아이들에게 선물하고 있습니다. 첫 그림책 《위를 봐요!》로 2015년 볼로냐 국제 아동도서전에서 라가치상을 받았고, 《부엉이》로 한국 안데르센상 미술 부문 우수상을, 《벽》으로 황금도깨비상을 받았습니다. 그린 책으로는 《노란 장화》 《우리 함께 살아요!》 《투명 나무》 등이 있습니다.

| 이 책에 대한 설명 |

우리는 집 안에서 살고, 일하며, 때로는 쉬고, 놀기도 합니다. 넓게 보면 도로와 도시까지도 집(건축)의 일부분이니, 평생 집과 함께 산다고 볼 수도 있습니다. 하지만 이처럼 중요한 집이 어떤 과정을 거쳐서 만들어지는지 대부분의 사람들은 잘 알지 못합니다.
이 책은 의뢰인인 여우 씨와 건축가, 주변에 사는 동물들의 모습을 통해 집 짓는 과정을 보여 줍니다. 집을 지을 때 가장 중요한 점은 '협력'입니다. 이 책에서는 서로 다른 능력을 가진 여러 동물들이 힘을 보태어 집을 짓습니다. 작은 힘이라도 서로 보태고 합치면 커다란 결과를 가져올 수 있다는 걸 깨닫는다면 이 책은 더 큰 의미를 가질 것입니다.

스콜라
꼬마지식인 18

여우 씨의 새 집 만들기

정진호 글·그림

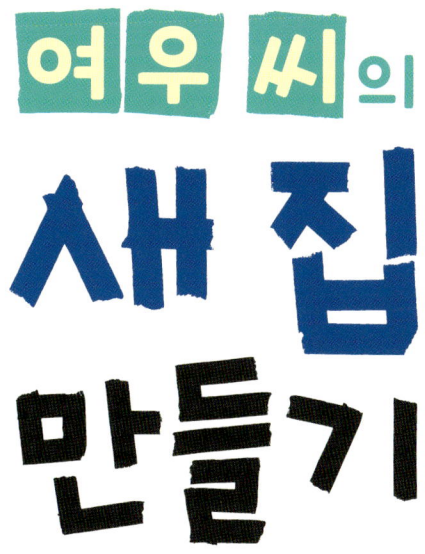

위즈덤하우스

귀여운 아기 여우들이 곧 있으면 태어날 거야.
하지만 여우 씨의 표정은 밝지 않았어.
'큰일이군. 이대로 아기들이 태어나면
분명 지금 사는 집은 너무 좁을 거야.'
여우 씨 부부는 작은 동굴에서 살고 있었거든.
"여보, 남쪽 숲에 건축가가 살고 있대요.
거기 한번 가 보는 건 어떨까요?"
여우 씨의 부인이 말했어.
"건축가라고?"
"건축가에게 집을 지어 달라고 부탁해 보세요."

'그래, 건축가를 찾아가 보자.'
여우 씨는 작은 동굴을 나섰어.

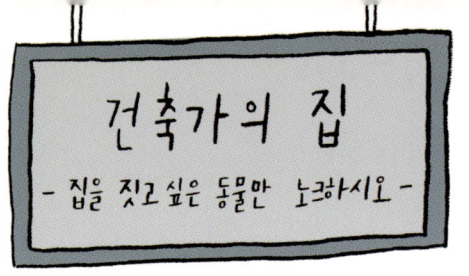

건축가의 집
- 집을 짓고 싶은 동물만 노크하시오 -

여우 씨는 남쪽 숲 끝에서 건축가의 집을 찾아냈어.
침을 한번 꿀떡 삼키고 문을 노크했지.
"들어오세요."
여우 씨는 두꺼운 나무 문을 밀고 안으로 들어갔어.

건축가는 무슨 일을 할까?

건축가는 집이 필요한 사람에게 집을 만들어 주는 일을 해.
지휘자가 연주가 잘되도록 지휘하듯이 건축가는 집이 잘 지어지도록 감독하는 일을 하지.

집 안에는 동그란 안경을 낀 아저씨가 책상에 앉아
무언가를 그리고 있었어.
"무슨 일로 오셨나요?"
"저…… 곧 아기가 태어납니다. 그런데 지금 사는 동굴이
너무 좁아서 더 넓은 집이 필요해요."
건축가는 빙그레 웃으며 말했어.
"잘 찾아오셨습니다."

어디에 집을 지을까?

"어디에 집을 지을지 생각했나요?"
"아니요, 아직 생각 못 했어요."
건축가는 곤란한 표정을 지었어.
"집을 지을 곳을 먼저 정해야 집을 지을 수 있답니다.
그럼 일단 숲을 둘러보러 나가죠."

"집의 위치를 고를 때는 몇 가지 생각할 것들이 있어요.
우선 아기들은 잠을 많이 자기 때문에 조용한 곳이 좋겠지요."
"그렇군요. 시끄러우면 아기들이 금방 깨겠네요."
"또 햇볕은 잘 드는지, 바람은 잘 통하는지 알아봐야 하고요."

"그리고 또 중요한 건 내가 지을 집이 주변 집들에
어떤 영향을 끼치는지도 생각해야 돼요."
"주변 집들에 영향을 끼치다니요?"
"옆집에 바로 붙여 집을 지으면 그 집의 햇볕을 가리겠지요.
또 다른 동물들이 사용하는 길 위에 집을 지으면
어떤 일이 벌어질까요?"
여우 씨는 놀랐어. 그런 건 미처 생각하지도 못했거든.
'다들 마음대로 집을 지으면 아주 불편한 일이 생기겠네.'

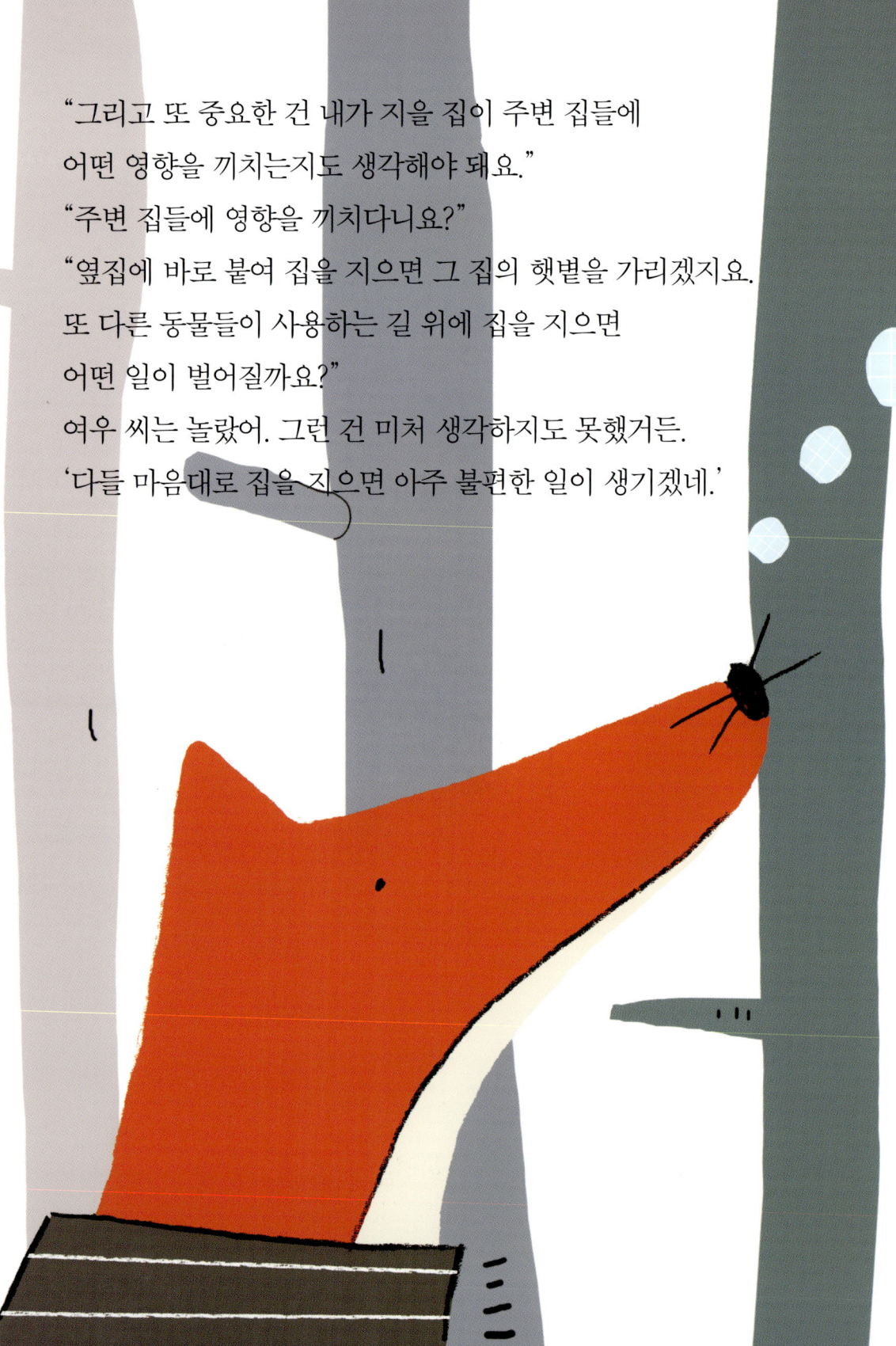

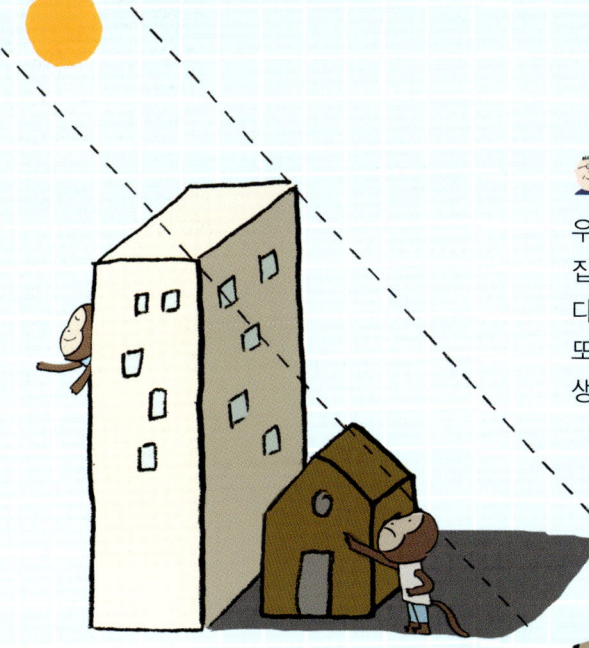

집을 지을 땐 나만 생각해선 안 돼

우리는 혼자 살 수 없기 때문에 주변 동물들을 배려하면서 집을 지어야 해. 내 집에 햇볕이 잘 드는 걸 원하는 것처럼 다른 동물들 집에도 햇볕을 가리지 않도록 해야 해.
또 다른 집들의 시야를 가리지 않게 짓는 것도 항상 생각해야 할 일 중 하나야.

"저곳은 어떤가요?"
여우 씨가 한 곳을 가리켰어. 건축가는 고개를 끄덕였지.
"여기가 좋겠군요. 주변도 조용하고 햇볕도 적당히 잘 들어요.
게다가 옆에 다른 집도 없어서 피해 줄 일이 없겠어요."

원하는 집 그림 그리기

여우 씨는 다시 건축가의 집으로 돌아왔어.
건축가는 책상에 큼지막한 종이를 펼치며 말했어.
"이제 장소도 정해졌으니 어떤 집을 원하는지 이야기해 봐요."
"우선 아이들을 위한 방이 필요해요.
그리 크진 않아도 아늑하고 따뜻했으면 좋겠어요."
"아이 방 말고 또 어떤 게 필요하죠?"

"저희 부부를 위한 침실과 겨울 동안 먹을 것을 저장할 저장소가 있어야 해요. 참! 가끔 오소리랑 너구리가 놀러 오는데 손님들이 머물 곳도 있었으면 해요."
"침실과 저장소, 그리고 손님 방."
여우 씨와 건축가는 한참 동안 새로운 집에 대한 이야기를 나누었어.

필요한 공간
- 아이 방
- 침실
- 손님 방
- 저장소

"좋아요. 집에 필요한 얘긴 다 들었으니 이제 일을 시작하죠."
"첫 번째 일은 뭔가요?"
"도면을 그릴 거예요. 도면은 집을 어떻게 지을지 계획한
그림이에요. 도면 없이 집을 짓는 건
악보 없이 음악을 연주하는 것과 같아요."
건축가는 커다란 자와 연필을 휘두르며 종이를 채워 나갔어.

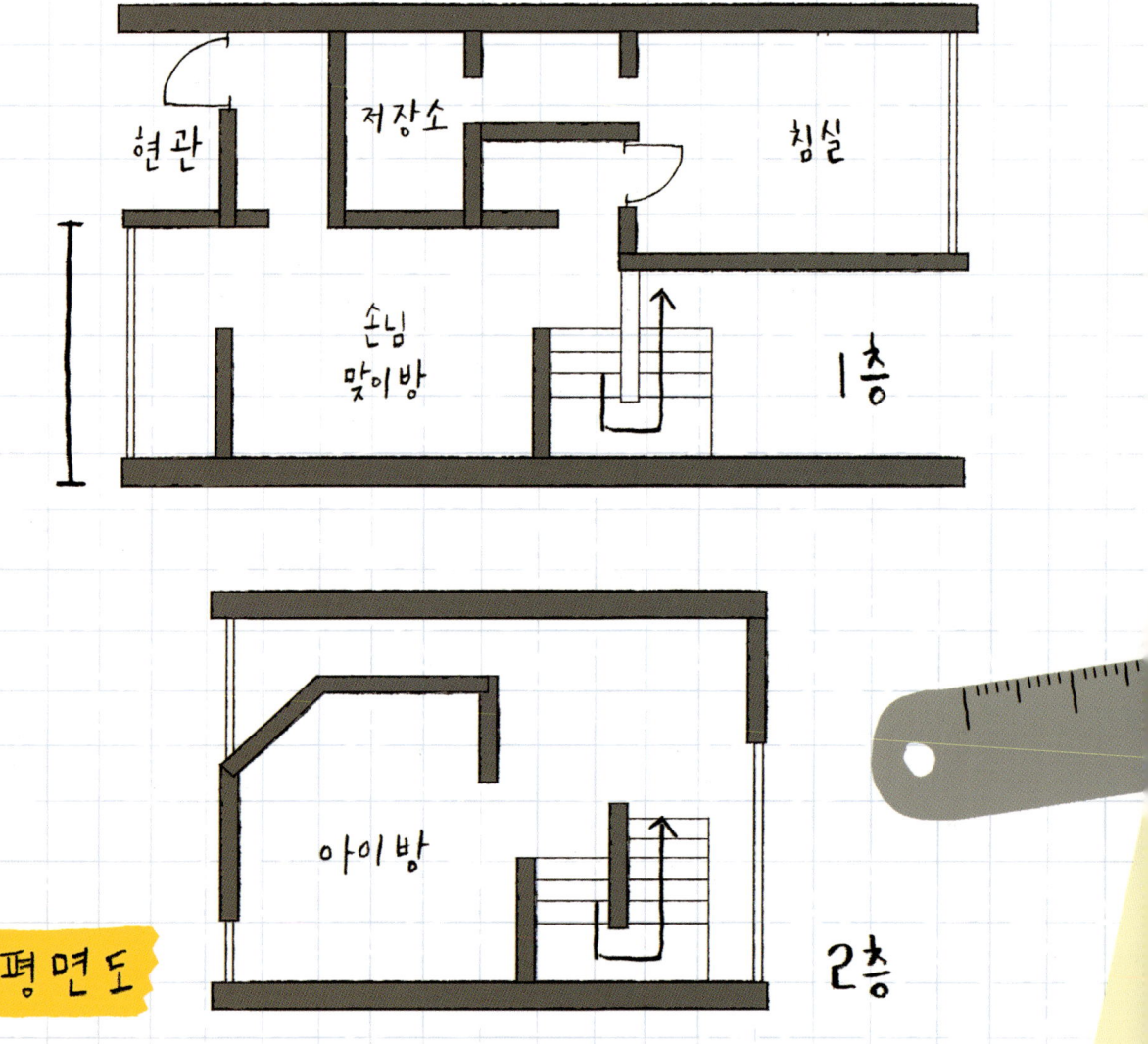

줄이기

단면도

🧑 평면도와 단면도

도면대로 집을 지으면 누구나 똑같이 집을 지을 수 있어. 마치 설명서를 보고 로봇을 조립하는 것과 비슷하지. 도면 중에는 집을 위에서 아래로 내려다보고 그린 평면도가 있고, 칼로 싹둑 잘라 낸 것처럼 그린 단면도가 있어. 평면도를 보면 방의 크기나 배치를 알 수 있고, 단면도를 보면 집의 높이와 위아래를 한눈에 알 수 있지.

기초는 두더지에게 맡겨

며칠 뒤, 여우 씨가 다시 건축가를 찾아갔어.
"마침 잘 왔군요. 드디어 도면이 완성되었어요."
"그럼 이제 집을 지을 수 있는 건가요?"
"바로 지을 순 없어요. 무엇이든 기초가 필요한 법이죠."

땅에도 여러가지 종류가 있어요. 단단한 바위 층은 모래나 흙 아래에 있죠.

기초 공사를 위해선 땅을 파야 해요. 옆의 모래가 쏟아지지 않도록 벽을 만들고요.

"집은 생각보다 훨씬 더 무겁답니다. 그래서 집의 무게를
버틸 수 있도록 땅을 튼튼히 만드는 작업이 필요해요.
그게 바로 기초예요."
"흙으로 된 땅을 어떻게 튼튼하게 만들죠?"
여우 씨는 고개를 갸우뚱했어.
"흙을 파서 거기에 단단한 것들을 채워 넣을 거예요.
단단한 나무 기둥을 땅에 박고 돌과 자갈을 깔면 튼튼해져요."
"그래도 흙을 파는 게 보통 일은 아닐 텐데……."
"걱정 마세요. 혼자 집을 짓는 게 아니니까요."

단단한 바위까지
닿도록 기둥을
박을 거예요.

자갈과 돌로 바닥을
깔면 튼튼한 기초가
완성되죠.

"다행히도 우리 숲에는 기초 공사의 달인이 살고 있어요.
바로 두더지예요."

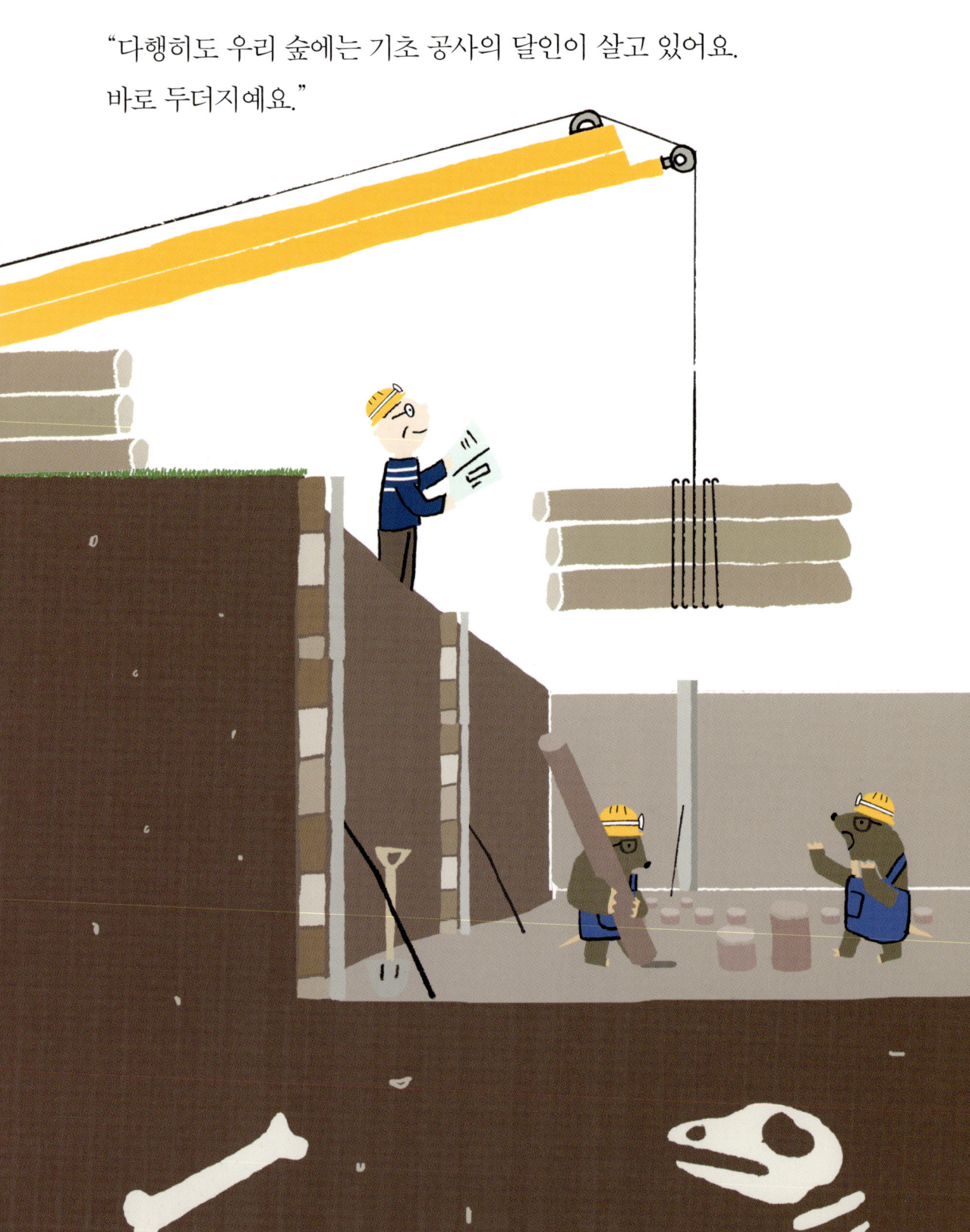

안전모를 쓴 두더지가 다음 날부터 땅을 파기 시작했어.
파낸 땅에는 두꺼운 나무 기둥을 심고
그 위에 바위와 자갈을 깔았지.
그렇게 기초가 완성되었어.
"기초가 튼튼해야 집도 안전하답니다.
이제 아주 훌륭한 기초가
완성되었어요."

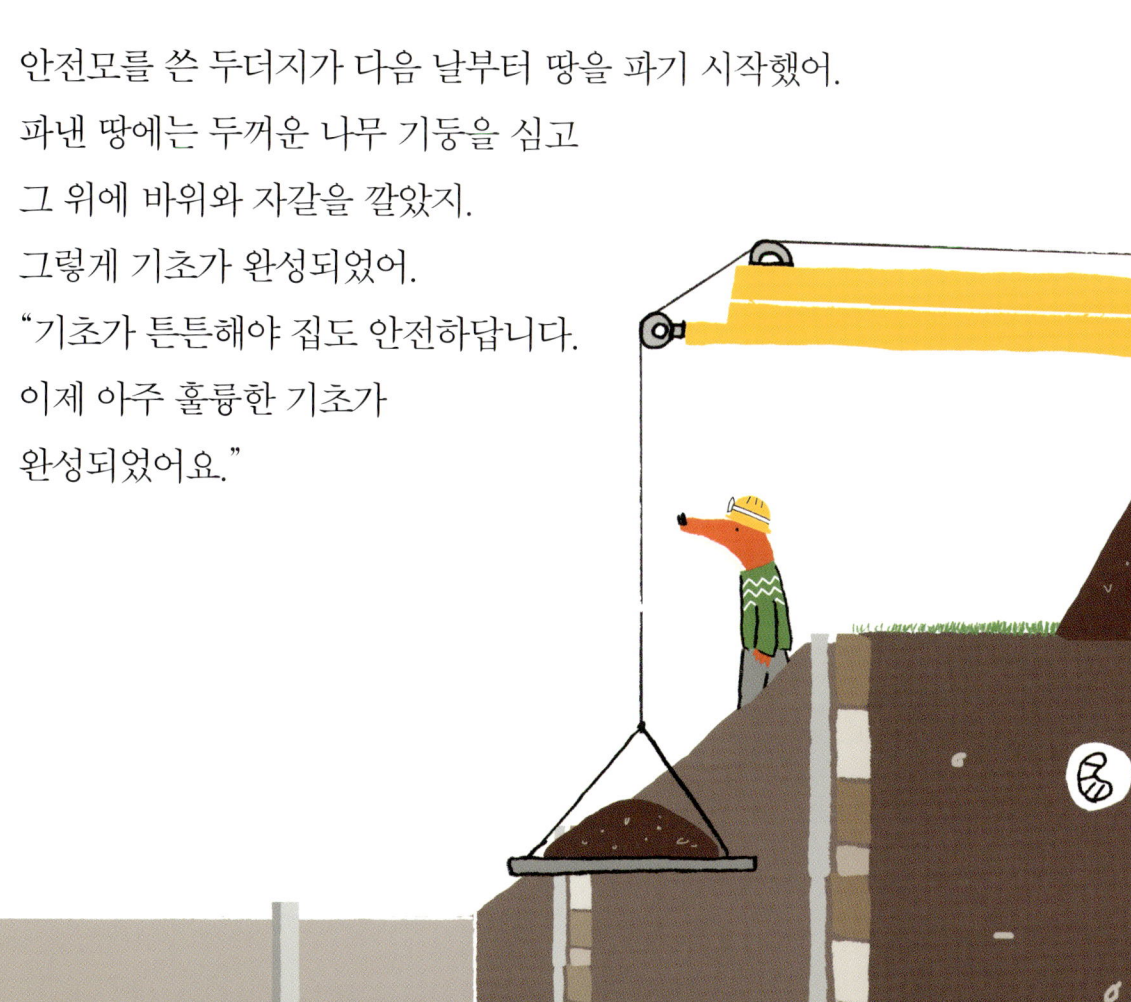

🧑‍🔧 무엇이든 기초가 중요해!

무슨 일이든 기초가 중요하다는 말, 들어 봤지? 집은 특히 기초가 매우 중요해. 집은 무겁기 때문에 땅이 튼튼하지 못하면 금방 무너지니까. 주로 말뚝을 박거나 콘크리트로 땅을 채워서 기초를 만들어. 그걸 건축가가 어떻게 다 하느냐고? 걱정 마. 여러 동물들이 여우 씨 집을 짓는 데 참여할 거야.

기둥은 곰이 세울 거야

"이제 기초가 완성되었으니 그 다음은 집의 뼈대를 세울 차례군요."
"우리 몸에 뼈가 있는 것처럼 집에도 뼈가 있어요?"
여우 씨는 무척 궁금한 듯이 물었어.
"네, 그걸 바로 '구조'라고 부르지요.
집에 기둥이 없다면 어떻게 될까요? 혹은 벽이 없다면요?"

뼈

"무너지고 말겠죠."
여우 씨는 집이 무너지는
상상을 하며 몸을 떨었어.
"기초가 집 전체를 받치는 역할을 한다면
구조는 집이 무너지지 않도록 버티는
일을 해요."

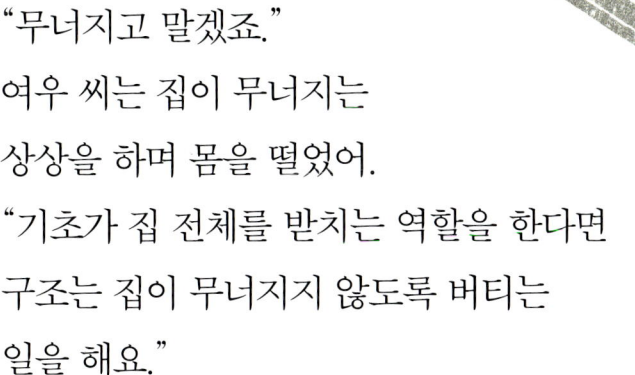

구조

"기둥을 세울 때 사용하는 재료가 매우 무겁기 때문에
이번에는 힘이 센 곰이 도와줄 거예요.
그리고 구조를 연결할 때에는 손을 잘 쓰는 원숭이가 와서
조립할 겁니다."
여우 씨네 집터에 곰과 원숭이가 찾아왔어.
곰과 원숭이는 오랫동안 같이 일한 것처럼 손발이 척척 맞았지.
"이 많은 동물들을 어떻게 다 알고 있나요?"
"집 짓는 일은 혼자 할 수 없어요. 곰과 원숭이네 집을 지을 때도
다른 동물들이 함께 힘을 보탰어요."

구조에는 어떤 것이 있을까?

세상에는 많은 집이 있지만 집마다 사용된 구조의 종류는 매우 다양해. 나무를 사용하는 목구조나 철근과 콘크리트를 사용하는 철근-콘크리트 구조가 있어. 방법에 따라서도 구조가 달라져. 벽돌이나 돌을 쌓아서 만들기도 하고, 못이나 접착제를 사용하지 않고 재료들을 서로 끼워서 만들기도 해.

다람쥐야, 설비를 도와줘

"구조까지 완성하니 집이 꽤 많이 지어진 것 같아요."
여우 씨는 짓고 있는 새 집이 마음에 드나 봐.
"아주 기본적인 것들은 완성했어요. 이제 설비 공사를 할 차례예요."
"설비 공사가 뭐죠?"
"집 안에서 사용할 전기나 난방, 환풍 시설 들을 설치하는 걸 말해요."

"집 안의 전등에 저절로 불이 들어오는 게 아니에요.
집을 지을 때 전등과 전선을 연결해 두어야 불이 들어오지요."
여우 씨는 새 집을 지으면서 배우는 게 참 많았어.
고개를 끄덕이며 건축가를 대단한 듯 쳐다보았지.
"아기 방에는 따뜻한 난방 설비를 깔아둘 거예요. 그리고 저장고에는
항상 신선한 공기가 통하도록 커다란 환풍기를 달 거고요."
건축가는 기초가 완성된 집의 구석구석을 살펴보며 설명해 주었어.

설비 공사는 다람쥐가 도와주었어.
몸집은 작지만 날쌘 다람쥐는 좁은 틈과 기둥 사이에
전선과 난방시설을 연결했지. 건축가는 방 안에
작은 다람쥐 통을 달아 언제든지 통을 돌리면 전기를
쓸 수 있도록 해 주었어.
"이제 시험 삼아 전등을 한번 켜 볼까요?"
건축가가 스위치를 켜자, 방 전체에 환하게 불이 들어왔어.
여우 씨의 얼굴에도 빛이 감돌았지.

우리가 잘 모르는 설비

스위치를 누르면 전등이 켜지고, 수도꼭지를 돌리면
물이 나오는 건 모두 설비 공사를 하지 않으면
불가능한 일이야. 설비는 건물을 편리하게 사용하기
위한 것이지만 겉에서 보기에 지저분할 수 있어서
마감 공사할 때 살짝 감추어 두지.
그래서 우리는 설비가 있는지 잘 모르는 거야.

비버가 바닥을 만든다고?

"이제 벽과 바닥 공사를 할 겁니다."
건축가가 여우 씨에게 말했어.
"이미 바닥은 있잖아요?"
여우 씨는 기초와 구조 공사 때 완성한 바닥을 가리켰어.
"저 바닥을 그대로 쓸 순 없어요. 위에 매끄러운 나무 장판을
깔 거예요. 그럼 지저분한 전선이나 난방 시설이 가려지고
밟거나 누워도 되죠. 그리고 기둥과 기둥 사이를 벽돌로 막아 공간을
구분하는 벽도 세울 거예요. 벽은 여우 씨가 한번 세워 보세요."

나무 댐

건축가는 여우 씨에게 침실과 아기 방, 손님 방을 구분하는
벽의 위치를 설명했어.
"마침 요 근처 호숫가에 비버가 살고 있어요.
바닥 공사는 비버에게 도와달라고 부탁할 거예요.
비버는 나무를 다루는 솜씨가 좋거든요."
건축가는 남쪽 숲 건너편을 가리키며 말했어.

건축가의 요청을 받고 비버가 와 주었어.
비버는 굵은 나무를 이빨로 얇게 잘라 내 바닥에 착착 깔았지.
바닥 틈 사이에는 푹신한 이끼도 넣어 두었어.
그래야 바닥끼리 삐걱거리지 않는대.
그사이 여우 씨는 직접 미장 도구를 들고 벽을 세웠어.

집에 살을 붙이는 벽과 바닥 공사

기초와 구조, 설비 공사가 끝난 집은 뼈만 있는 모습이야.
여기에 살을 덧붙여 주는 게 벽과 바닥 공사야.
바닥에는 난방을 위한 열선과 수도관 등이 들어가는데,
그 위에 장판을 덮어야 우리가 생활하기 편리하지.
그리고 방과 화장실이 한 공간 안에 있으면 방에서
냄새가 나겠지? 그래서 공간을 나누기 위해 벽이 꼭 필요해.

얼룩말과 함께 예쁘게 집을 꾸미자

"이제 인테리어만 마치면 집이 완성됩니다."
"정말인가요?"
여우 씨는 감격스런 눈빛으로 건축가를 바라보았어.

"인테리어는 집을 마무리하는 단계예요. 창문을 달고 벽에는 벽지를 바르거나 페인트칠을 하지요. 집에서 사용할 가구도 들여놓을 거예요."
"아기 방은 밝은 노란색이 좋겠어요.
그리고 저장소엔 선반이 필요하고요. 또……."
여우 씨는 신나서 이야기했어.

그사이 얼룩말과 딱따구리가 왔어.
"얼룩말은 벽을 예쁘게 칠해 줄 거고요,
딱따구리는 나무를 쪼아 멋진 가구를 만들어 줄 거예요."
얼룩말이 페인트 통을 들고 집 안을 누비는 동안
딱따구리는 나무를 콕콕 쪼아 가구를 만들었어.
건축가와 여우 씨는 함께 창문을 달았지.
모두 함께 땀을 흘리며 집을 마무리했어.

집에 예쁜 옷 입히기

기초와 구조로 집의 뼈대를 만들고, 벽과 바닥으로 살을 붙였다면 이제 예쁜 옷을 입고 화장할 차례야. 인테리어는 집의 얼굴이지. 벽지 색과 창문 모양, 가구 종류에 따라 집의 분위기가 확 달라지거든.

완성된 여우 씨네 집

드디어 여우 씨네 집이 완성되었어. 그사이 예쁜 아기 여우들도 태어났지. 아기 여우들은 노란색 페인트가 칠해진 방에서 따뜻하게 잠들어 있고, 여우 씨는 곧 다가올 겨울을 대비해 음식 저장고를 든든히 채웠어. 창문으로는 따뜻한 햇볕이 쏟아져서 집이 아늑해 보였지.

다음 날, 여우 씨는 집을 지을 때 도와주었던 동물들과 건축가를
초대했어. 그리고 한바탕 축제가 벌어졌지.

그 후, 여우 씨네 가족은 새 보금자리에서 아주 행복하게 살았대.

| 부 록 |

다양한 재료로 만든
세계의 집들

우리 집은 나무로 지었지만, 세계에는 다양한 재료로 지은 집이 정말 많아요. 그중 몇 가지만 소개할게요.

터키의 하란 마을 사람들은 흙으로 집을 지어요. 흙을 반죽해서 벽돌을 만들고 그 위에 다시 진흙을 발라 흙집을 완성하지요.

미얀마 인레 호수 주변의 집들은 대나무로 만든대요. 굵은 대나무 밑동을 기둥으로 하고, 줄기를 쪼개서 벽을 만든 다음, 지붕은 잎이 달린 가지를 덮어서 완성하지요.

추운 알래스카에서는 눈으로 집을 지어요. 눈덩이를 둥근 모양으로 쌓아 올려 눈집을 만들고 그 위에 물을 뿌려 붙여요. 이런 집을 '이글루'라고 해요.

몽골 초원의 유목민들은 동물의 가죽으로 집을 지어요. 텐트처럼 쉽게 만들고 옮기지요. 이런 집은 '게르'라고 한답니다.

요르단의 '페트라'라는 도시에서는 집을 바위로 만들어요. 커다란 바위 속을 파내어 집을 짓는다니, 정말 신기하죠?

커다란 빌딩은 뭘로 만들까요? 튼튼한 강철로 뼈대를 만들고, 굳으면 단단해지는 콘크리트로 벽과 바닥을 만들어요. 콘크리트 안에 철근을 넣어서 더욱 안전하게 하지요. 창문에는 유리를 넣고요. 빌딩은 높기 때문에 이렇게 튼튼하게 만든답니다.

구조에 따라 달라지는 집의 모양

구조는 집을 지을 때 가장 중요하다고 했지요? 중요한 만큼 구조의 종류도 다양하답니다. 어떤 구조들이 있는지 알려 줄게요.

가장 기초적인 구조는 벽돌이나 돌을 쌓아서 만들어요. 단순하기 때문에 아주 오래전부터 사용된 방법이지요. 이집트의 피라미드도 이렇게 만들었어요.

조적식 구조는 블럭 놀이랑 비슷하네!

조적식 구조

못을 박거나 접착제로 붙이지 않고 끼워서 만드는 구조도 있어요. 재료에 홈을 파거나 모양을 낸 다음, 서로 맞물리게 연결하지요. 한국의 전통 가옥인 한옥이 이런 구조로 만들었어요.

가구식 구조

여러 재료들을 서로 끼우기만 해도 집이 만들어진다니, 정말 신기하네요.

스콜라 꼬마지식인 18
여우 씨의 새 집 만들기

초판 1쇄 발행 2016년 6월 20일 **초판 9쇄 발행** 2024년 11월 25일

글·그림 정진호
펴낸이 최순영

교양 학습 팀장 김솔미 **기획·편집** 주리
키즈 디자인 팀장 이수현 **디자인** 마루·한

펴낸곳 ㈜위즈덤하우스 **출판등록** 2000년 5월 23일 제13-1071호
주소 서울특별시 마포구 양화로 19 합정오피스빌딩 17층
전화 02)2179-5600
홈페이지 www.wisdomhouse.co.kr **전자우편** kids@wisdomhouse.co.kr

ⓒ 정진호, 2016
ISBN 978-89-6247-739-9 74330

* 이 책의 전부 또는 일부 내용을 재사용하려면 반드시 사전에 저작권자와
  ㈜위즈덤하우스의 동의를 받아야 합니다.
* 인쇄·제작 및 유통상의 파본 도서는 구입하신 서점에서 바꿔드립니다.
* 이 책의 사용 연령은 8~13세입니다.
* 책값은 뒤표지에 있습니다.